# 张丰泉藏书票

张丰泉 著

上海科学技术文献出版社
Shanghai Scientific and Technological Literature Press

图书在版编目（CIP）数据

张丰泉藏书票 / 张丰泉著. —上海：上海科学技术文献出版社，2022
　ISBN 978-7-5439-8477-6

Ⅰ.①张… Ⅱ.①张… Ⅲ.①藏书票—中国—图集 Ⅳ.
①G262.2-64

中国版本图书馆CIP数据核字（2021）第221428号

选题策划：张　树
责任编辑：苏密娅　栾　鑫
封面设计：合育文化

张丰泉藏书票
ZHANGFENGQUAN CANGSHUPIAO
张丰泉　著
出版发行：上海科学技术文献出版社
地　　址：上海市长乐路746号
邮政编码：200040
经　　销：全国新华书店
印　　刷：商务印书馆上海印刷有限公司
开　　本：889mm×1194mm　1/32
印　　张：6.375
版　　次：2022年9月第1版　2022年9月第1次印刷
书　　号：ISBN 978-7-5439-8477-6
定　　价：138.00元
http://www.sstlp.com

# 主编的话

藏书票是随着西方活字印本图书的产生与收藏而出现的微型艺术品，广泛应用于王室、教会、大学、图书馆等机构与个人的藏书上。藏书票自诞生后五百多年来，栖居书中，与书日夜厮守，亲密无间，是藏书者忠实的护书精灵，受到了众多艺术家的垂青和爱书人的宠爱。藏书票不因其小而微不足道，它从形式到内涵，方寸之间无不焕发着中西文化的缤纷映影。

藏书票作为艺术品，技法丰富多样，现已成为国际性的绘画创作对象，我们可据此析微察异，欣赏不同技巧、制作与色彩的精微之处，观察书间精灵多姿的身影。

藏书票作为收藏品，画面千秋纷呈，现已进入世界性的艺术收藏行列，我们能从中显微阐幽，品味各种题材、内涵与图案的微妙之趣，凝视书间精灵可爱的笑容。

"书香艺趣丛书"中的藏书票均是上海图书馆中国文化名人手稿馆收藏的艺术家捐赠品。这些作品的作者老少咸集，各擅其长；画面风采旖旎，各有寓意；票主名贤汇聚，各骋其表……从中可管窥上海图书馆藏书票的收藏。

让我们打开书本，在书香中寻觅艺术之趣，与书间的这些"小精灵"一起读书、爱书、藏书吧。

**黄显功**

2021年4月23日

# 精心探究和信手拈来

——张丰泉藏书票鉴赏

得知张丰泉先生顺遂心愿，他几十年的藏书票创作积累，为上海图书馆中国文化名人手稿馆正式收藏，我由衷地为他高兴；我同时也为手稿馆高兴，他们成功收藏了一位优秀藏书票艺术家很具"中国范"的作品，丰硕了艺术宝库。如今，画册《张丰泉藏书票》将出版，画册的一个优点是能广泛接触读者，因此有更多的文化人，可以随时翻阅和欣赏张丰泉先生的作品，这更是一件皆大欢喜的事。

我是张丰泉先生藏书票作品的欣赏者，借时下流行语，是"忠实粉丝"。张丰泉先生藏书票作品在极为规范的基础上，具有主题清晰、画面优美和版画个性突出的优越特性，是学习藏书票创作的极好范本。我想强调的是，张丰泉先生的作品是很值得重视的，体现着藏书票中国气派的一个典范。写这篇文章，想以我之见说说这些长处。我收起顾虑，不担心说不好影响观瞻。因为作品的结集出版，每个人都可以在翻看中体会感受，得出自己的结论。

"票主喜欢是我最大的喜悦"，这是张丰泉先生的一句口头禅，很朴素的一句话，表明了他创作的追求。经历过藏书票创作的人都明白，要把一张白纸变成一枚讨人喜欢的藏书票，谈何容易！藏书票今天有这样的生命力，是靠自身的好名声，而好名声是靠许许多多"讨人喜欢"的作品堆出来的。创作一枚藏书票与创作一幅独幅画无异，作者要有许多能力的储备才能应对。欣赏张丰泉先生作品，首先感到他对藏书票的主题的恰当解读，然后是他围绕这一解读展开的一连串版画工序：构思构图、造型设色、文字摆位、刻印技法等。把每一个环节都做到位，才能使作品成为"讨人喜欢"的优秀之作。张丰泉先生藏书票创作的规范程序和独到技法，能给我们很好的启发。欣赏他的作品，能带给我们很大的快乐。

我有幸得到过先生创作的两枚以古诗词为主题的藏书票，因为画面所营造的意境与原作高度契合，读画同时，古诗词原句"僧敲月下门"和"平明寻白羽"竟能随感脱口而出。赞叹先生图化诗意的能力，两枚作品让我爱不释手。这让我想到花功夫解读主题，对于成功构思的重要意义。只有过好这一关，以后的工序才有价值。张丰泉先生因积累了多年经验而长于此道，成功的例子不胜枚举。然而创作不可避免会遇到难题，经常看着题目，头脑里却出不了画面，诸如"一带一路""全球气候变暖"等，这样的题目让人难以图说。很佩服张丰泉先生总有他合理的构思，有时其效果还出人意料的好。比如，字面为"气象观察记录沈阳气象局藏"的藏书票，无疑是个难以下笔的题目，然而张丰泉先生的解题令人叫绝：画面上一对北极熊母子退缩在最后的冰块上，脚下已经没有了挪动的余地，生动地说明气候变暖逼来紧迫,气象工作非常重要。如此巧妙地演绎票主单位的工作性质,哪能收获不来倾心的赞赏!这样的现象是张丰泉先生作品的优越特质,窃以为也正是当前我们藏书票创作要加以关注的一个薄弱点。

这枚受称道的佳作书票尺寸娇小,却做到了表达准确、画面优美。在藏书票尺幅愈做愈大的倾向中,张丰泉先生坚持把尺寸保持在初始认定状态。他的作品大多在六七厘米范围里,难得有超过八厘米的。在如此精小面积里运刀,造型要求更为严格、更讲究富于表现力。这些是张丰泉先生藏书票作品的另一特色。在这小小的面积里,丰泉先生在精准的刻刀下,运用精简的绘画语言、概括的造型,讲好一个个故事。张丰泉先生在小小的画面里特别讲究黑白灰节奏,特别讲究套色木刻拟色的概括力,把版画之美极尽展现。读着一件件娇小而精致的作品,看到作者熟练的技法,表现一个主题的典型性,组织一个起着衬托作用的恰当的灰调子、文字和画面的装帧过渡,以至一枚小小的圆章的恰当应用等,能做到如此精巧准确、得心应手,很考验一个画家的能力。我因此常常细细品味,从中得益。

藏书票较多涉足十二生肖题材,2014年收到丰泉先生刻马,欣喜异常。这件作品一如既往地保持着娇小尺寸和大家风范。我以为在甲午马年的万马奔腾中,丰泉先生这匹马跑进了第一梯队!作品还是那么简洁,在写实的基础上稍有夸张,加了装饰,这匹四蹄沾满花香的骏马,踏着舞姿般的步伐,超脱于生活真实，非常讨人喜欢。这件作品轻松的色调也在唤起愉悦，我曾仔细观看探究，在看似简单的设色中，发现一个很容易被忽视的浅灰在其中起到了很大的作用。这个面积小小的色块不仅丰富了内涵，还成功解决了藏书票画面往往单薄的问题。一个极为普通的题材，做出了难得的好效果，这就是本领。相信得到这枚藏书票的每一个人都会喜从中来。这样的操作完全出于画家的宝贵经验，非常值得借鉴学习。

我还十分喜欢他作品里蕴含的文化气息，欣赏张丰泉先生的藏书票，浓浓的书卷气扑面而来。藏书票与书籍密切相关，"要有书卷气"被再三强调，"书卷气"一直以来是备受重视的创作要素。很多人并非不想做到，但这里的确还关乎着文化积淀。格调高雅、有文化品味，是藏书票人追逐的高规格。西方高手们能把素描五调子、人体结构尽详搬进藏书票，但他们的很多作品未见得进得了书卷气浓的殿堂。

20世纪50年代初，青年张丰泉进入新华书店当美工，为书店做装潢布置工作的同时，对版画产生了浓厚的兴趣，常临摹报刊发表的版画，通过自学提高版画水平。他倾情投入，进步很快。辽宁省新华书店曾以他的藏书票作品印行赠品，广泛发放，促进书店工作。他的第一枚藏书票刻于1972年，在国内藏书票创作者中是最早的几个人之一，随着中国藏书票研究会成立，他的藏书票创作进入了高潮，并持续发展，至今兴趣浓郁。由来近半个世纪，他积累的作品已有1400件之多。我不知道这个数字是否是国内之最，如果考虑到作品的品质，深信张丰泉先生积累的作品数应是无出其右者了。

2005年秋,"张丰泉藏书票作品展"在上海鲁迅纪念馆隆重开幕,我有幸代表中国藏书票研究会致辞祝贺,并在展览期间应丰泉先生要求,陪同去会见了我父亲。丰泉先生自学版画期间,对我父亲邵克萍的作品非常喜欢,当年剪报临摹的记忆,一直未忘。岁月如梭,不懈努力的丰泉先生,彼时已经可以在堂宇举办个人作品展览。拜访之时,老父亲已逾鲐背,忆当年、说今天,留下佳话一段。我也了解到和我父亲一起获得"新兴版画贡献奖"的著名版画家、鲁迅美术学院教授朱鸣冈先生对张丰泉关怀有加,因为同在沈阳,因此指导帮助时间也最长久。

上海与沈阳相距甚远,上海却是张丰泉先生心系之地。上海图书馆、陆家嘴"梅园杯"的活动先生参与最多。上海图书馆的"版画日"活动最受先生称道,他关注着一届届的内容,思考着自己的参与。2014年丰泉先生作为"梅园杯"特邀嘉宾又来上海,相约会见了上海图书馆中国文化名人手稿馆副馆长黄显功先生,双方交流了意愿,铺开了合作之路。张丰泉先生带来展示的作品使与会爱好者们大饱眼福,也引起了同好研究学习的浓厚兴趣。

时间对每个人都是公平的,张丰泉先生也是在历经许多次被迫放弃之后,才集中了大宗时间使藏书票事业收获丰盛。当然,藏书票也回馈张丰泉先生,让他的晚年生活既丰富又踏实。我们可以从他源源不断的作品中体会他的快乐,从越刻越好的纯熟技巧中感知他的享受。我们还可以从他的作品中看到一个注重进补新鲜知识的、不落人后的可敬可爱的老人。我们尤其可以在张丰泉先生近十几年的作品中，感受老人家愈发得心应手和熟能生巧的技艺，愈发构图清晰、色彩明快、叙事准确的精彩。

　　为丰泉先生画册写此序文，是我引为荣耀之事，我要好好向先生学习！当今欣逢盛世，又大力提倡弘扬中华优秀传统文化、增强软实力，丰泉先生画册的出版适时响应这一倡导，同时，也在为中国的藏书票树立国际影响力建功立业！

　　祝愿丰泉先生健康长寿、佳作迭出！我们期盼有不时而至的大饱眼福的时刻！

邵黎阳

于2021年春节

# 踏进硕果累累的书林

图画是可阅读的对象，何况是与书缘分最近的藏书票。这种因书而生的微型艺术品，虽然是一张小小的图画，但它凝聚了作者对阅读的理解、票主的了解、艺术的见解。

在我国藏书票作者中，我曾结识几位工作于书店的师友，张丰泉是其中最令我敬佩的一位艺术家。二十多年来，与他交往中的诸多"第一"给我留下了很深的印象。他是我所知道的第一位藏书票创作超过一千张作品的人，据悉总量已有1400余张，在国内罕有其匹；我第一次见识他的作品是1996年，我主持"庆祝上海图书馆新馆开馆藏书票展"征稿时，邵黎阳向我们推荐了张丰泉，我被他创作的小巧精致的藏书票深深吸引；我第一次与他见面是2014年，在陆家嘴"梅园杯"上海国际藏书票邀请展上，那天我向他表示了图书馆征集收藏的愿望，之后我多次写信和电话邀约他为图书馆的作家朋友制作藏书票，他均欣然响应，按时寄来作品；他是我经手接收藏书票数量名列第一的国内捐赠者，2019年秋天，当我从他手中接过600张个人创作的藏书票时，由衷地对这位至今仍保持着刻刀不辍艺术状态的耄耋长者心生崇敬之情，默默地承诺一定要为他出版一本作品集。

他是国内少有的持续创作藏书票已近50年的作者。如此漫长的艺术生涯，不仅令人感佩他对藏书票艺术的执着追求与不懈努力，还使人深切地感受到他的人生是多么的丰盈！刻刀下雕琢的不仅是图案，那是爱书人徜徉书林的履迹；滚筒下敷设的七彩正是艺术家生活的本色写照。因为坐拥书店的工作氛围，钟情版画的张丰泉才有了如此丰富多彩的藏书票。当我面对桌上一排排的作品，仿佛看到了贯穿在张丰泉几十年书香岁月中的一道绚丽的艺术彩练，它承载了作者丰满的书情画意，书写了作者丰厚的读书阅历。

他是深受国内藏书票爱好者尊敬的艺术老人，年过九旬，仍在向木进刀，调色挥彩。他在丰饶的藏书票园地里快乐地默默耕耘，大地向他回报了丰茂的书林。他走进林间，于是有了鸟唱、鸮鸣、动物；他走过草地，于是有了鲜花、蜂蝶、白鹤；在他的天空中，有南雁北飞、日月星辰；在他的岁月里，有生肖的记忆、往事的烟云；他在书店穿越时空，与古今名贤相晤，品读唐诗宋词……这是丰盛的书香飨餐。

他退休前是沈阳新华书店的美工，日常工作是以画笔进行图书的阅读推广。常年与书为伴的经历，张丰泉扮演了图书传递者的角色，所有书写和绘制的图书推荐海报，均是为了激发读者的阅读兴趣，乐见购书者携回一本本图书。所以，他的藏书票蕴含了一位老书店工作者对阅读的深情期待。

他是一位以票馈友的藏书票作者，其作品不仅曾作为书店的赠品广泛流传于读者之中，而且他乐于为许多写书、读书、爱书的人士制作藏书票。有些人虽未谋面，但张丰泉读了他们的作品后，常常主动地研究和创作，并热情地馈赠藏书票。我相信他是国内无偿为票主创作藏书票数量最多的人。

我喜爱适宜藏书使用的藏书票。在目前藏书票日益背离实用性而趋向尺寸扩大的当下，张丰泉的作品始终保持在掌心大小，其玲珑之态令我感到特别亲切可爱。在沪时，我曾与他讨论过作品设计为何坚守方寸之间，追求小而美的问题，因为他的藏书票从创作伊始就"墨守成规"，遵循藏书票的功能初心——为书而作，为书所用。从艺术史的角度来看，创作者的角色特征往往会在作品中留下身份的烙印，张丰泉作为新华书店的美工，不同于版画专业出身的画家，他创作的艺术焦点，始终是以图书为出发点和落脚点，以精巧适宜的大小与书相得益彰。这种长年稳定的藏书票创作定势，成为他显著的个人艺术特征。

上海以其海纳百川的文化开放性，将张丰泉的藏书票从个人作品的展览延伸到个人作品集的出版，向上海的观众和读者展示了一位优秀的藏书票艺术家的风采，对其琳琅满目的藏书票正可以用他姓名中的一字"丰"来概括：不仅是作品数量的"丰产"，而且内容"丰实"，同时也是一项上海图书馆藏书票征集的丰硕成果。

**黄显功**

2021年9月1日 于尚水斋

# 张丰泉艺术年表

张丰泉，1931年生于山东文登。中国美术家协会藏书票研究会会员。自1985年学习创作藏书票至今，曾参加第二、六、七、八、十、十一、十二、十四、十五届全国藏书票展，中国新兴版画七十五周年藏书票展。

1951年　参加旅大市（现大连市）文联办的文艺夜校美术班学习素描，认识了教师朱鸣冈先生。学习半年后考入大连国际书店（后改为大连外文书店）任美工。

1952年　调至沈阳国际书店（后改为沈阳外文书店），与新华书店合并后继续任美工。

1953年　在辽宁省委机关业余文化学校大专班学习语文、历史，1961年结业。

同年，朱老师由大连调至东北美术专科学校（后改鲁迅美术学院）任教，目睹朱老师创作套色木刻作品《万事起头难》的全过程后，开始练习木刻，尝试刻花卉、风景等小品。

1959年　套色木刻作品《沙漠之舟》被《美术》杂志刊登，并参加了庆祝中华人民共和国十周年美术展览会。

1960至1965年　在《辽宁日报》《辽沈晚报》《沈阳日报》《辽宁画报》《鸭绿江》《卫生知识》《营口日报》《海燕》《晚晴报》等报刊发表木刻作品二十余幅。1960年所刻《民歌插图》被中华全国总工会收藏。

1966年　应辽宁美术出版社之约，绘单色带"忠"字毛主席像，写了两条语录，印了几万套发往全省工厂、农村、学校。

1974年　与另外几个人合作版画作品入选全国版画展，应邀赴京参观全国版画展，被李桦、梁栋、王叠泉诸先生的木刻藏书票吸引，开始练习刻自用书票。

1985年　辽宁省新华书店宣传科选取张丰泉书票作品五幅，印制五千套发给全省各市县新华书店，用于赠送国庆节期间购书读者。后《作家生活报》《辽宁日报》《沈阳日报》《书刊导报》《北京晚报》《陕西日报》《美术大观》《鸭绿江》《汕头特区报》等报刊相继刊登书票多幅。

1990年　作品入选第三届全国藏书票展并获铜奖。之后相继参加第十一、十二、十四、十五届全国藏书票展。

1995年　应《北京晚报》之约写《怎样制作木藏书票》一文并连载。

1996年　应《陕西日报》之约写《藏书票的起源、藏书票的种类、藏书票的题材、木刻藏书票的制作》，介绍藏书票知识和藏书票制作过程。

同年，参加上海图书馆藏书票展。

2004年　参加南京外国语学校成立四十周年国际藏书票邀请展。

2005年　在上海鲁迅纪念馆举办藏书票个展。

2006年　参加第二届国际CGD藏书票展和在瑞士举办的第三十一届国际藏书票双年展。

2007年　参加上海鲁迅纪念馆举办的中国新兴版画七十五周年藏书票展。

2008年　参加在北京举办的第三十二届国际藏书票双年展。

2009年　自2009年起，参加第九、十一、十三、十五、十七、十九届陆家嘴"梅园杯"上海藏书票邀请展，第六、八、十、十二、十四、十六、十八届陆家嘴"梅园杯"上海国际藏书票邀请展。

2010年　参加首届广州国际藏书票暨小版画双年展。

　　　　同年参加在伊斯坦布尔举办的第三十三届国际藏书票双年展。

2016年　在辽宁省图书馆举办三人藏书票联展。

张丰泉藏书票

# 目 录

主编的话 … 1

精心探究和信手拈来——张丰泉藏书票鉴赏 … 1

踏进硕果累累的书林 … 7

张丰泉艺术年表 … 11

藏书票 … 1

索 引 … 179

# 藏书票

张丰泉

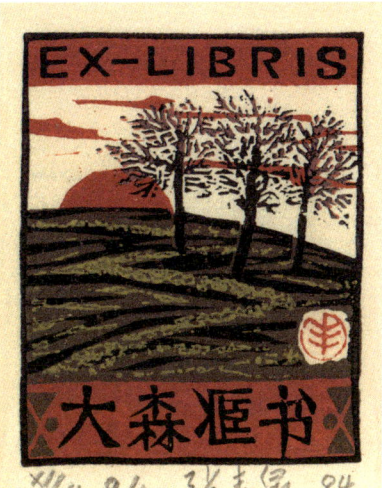

张丰泉藏书票

张丰泉藏书票

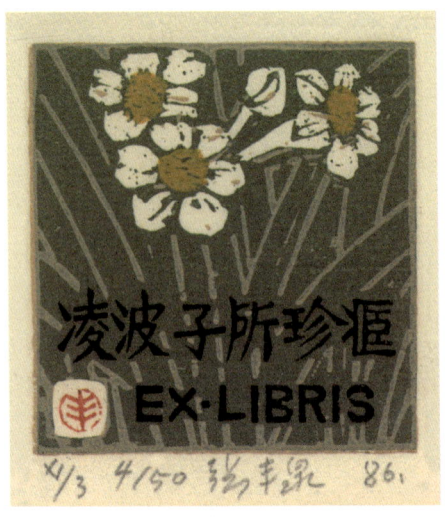

张丰泉藏书票

张丰泉藏书票

张丰泉藏书票

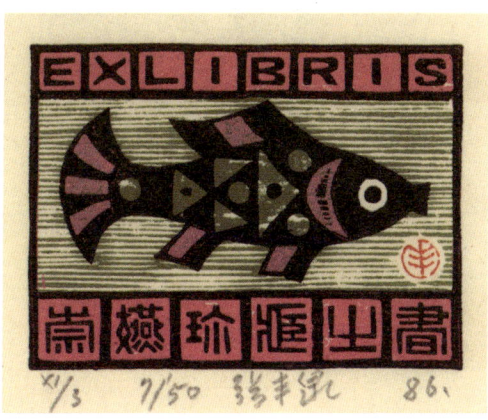

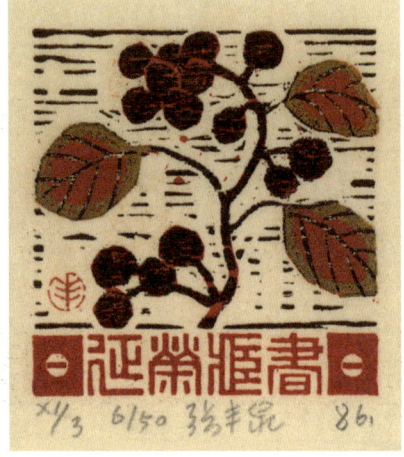

张丰泉
藏书票

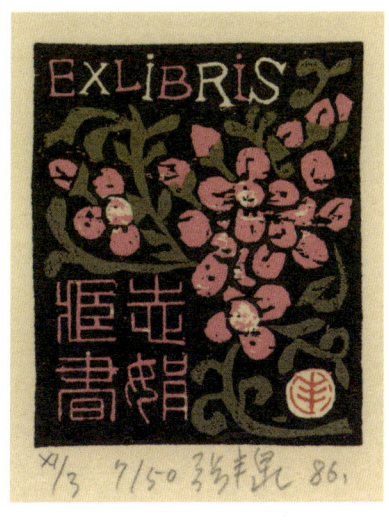

张丰泉藏书票

张丰泉藏书票

张丰泉藏书票

张丰泉藏书票

张丰泉藏书票

张丰泉藏书票

张丰泉藏书票

张丰泉藏书票

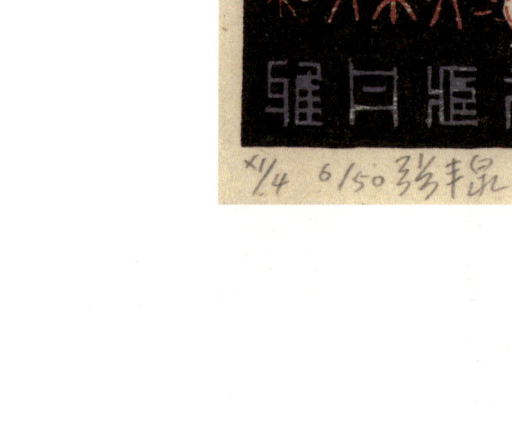

张丰泉藏书票

X1/4 6/50 张辅鼠 90.

X1/4 5/50 张辅鼠 90.

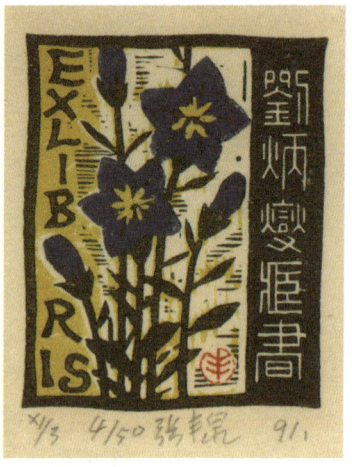

张丰泉藏书票

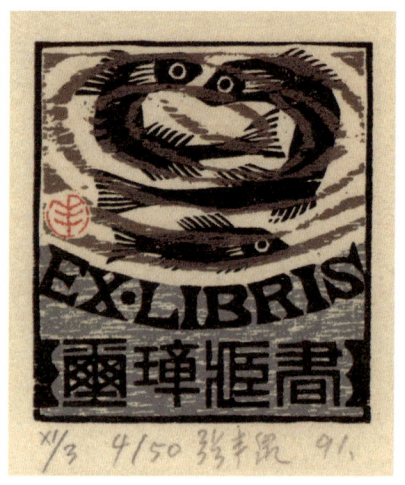

张丰泉藏书票

张丰泉藏书票

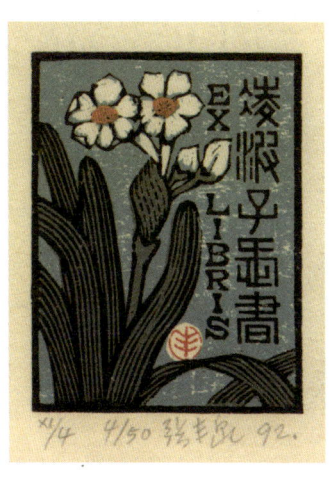

张丰泉藏书票

张丰泉藏书票

张丰泉藏书票

张丰泉藏书票

张丰泉 藏书票

张丰泉藏书票

张丰泉藏书票

张丰泉藏书票

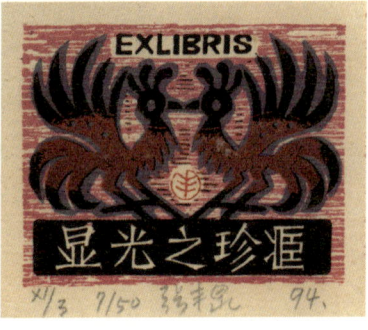

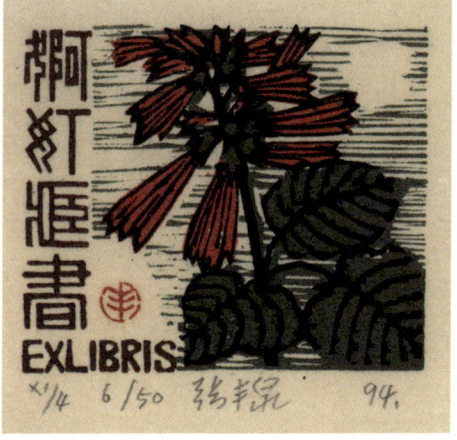

张丰泉藏书票

张丰泉藏书票

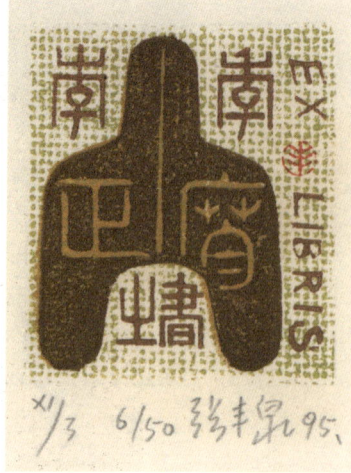
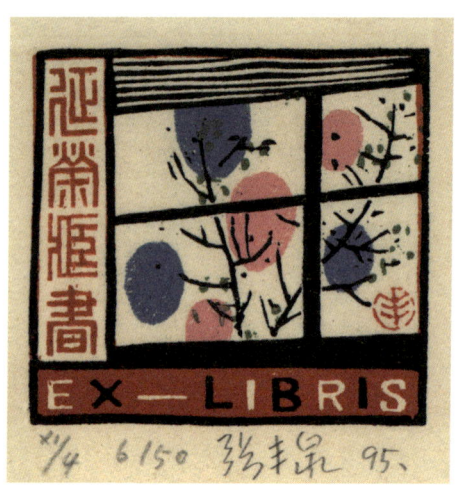

张丰泉藏书票

张丰泉藏书票

张丰泉藏书票

×1/3 4/50 张丰泉 96.

×1/3 7/50 张丰泉 96

张丰泉藏书票

张丰泉藏书票

张丰泉藏书票

x/1  6/50  张丰昆  96.

x/3  6/50  张丰昆  96.

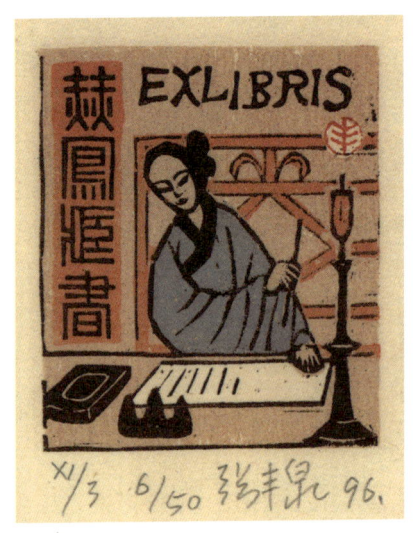

张丰泉藏书票

张丰泉 藏书票

张丰泉藏书票

张丰泉藏书票

张丰泉 藏书票

X1/4　A.P　张丰昆 99.

X1/3　6/50　张丰昆 99.

张丰泉藏书票

张丰泉藏书票

张丰泉藏书票

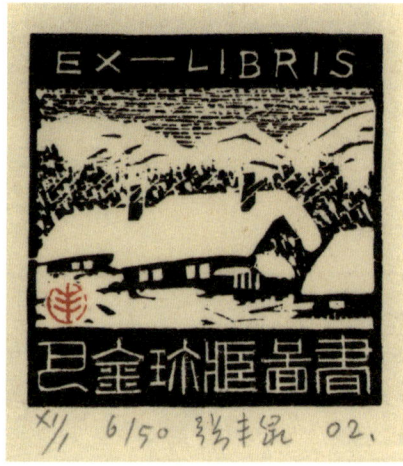

张丰泉藏书票

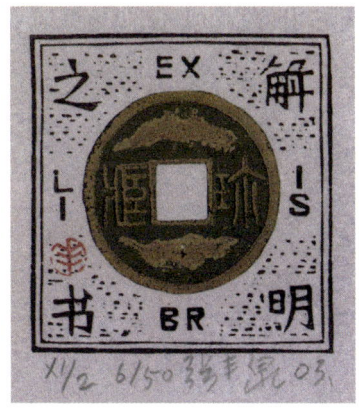

张丰泉藏书票

张丰泉藏书票

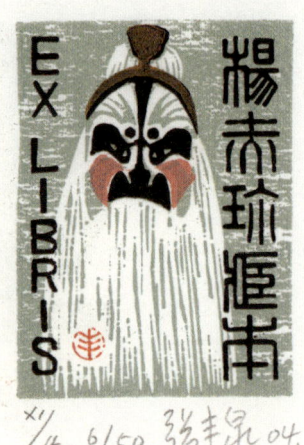

张丰泉藏书票

张丰泉藏书票

张丰泉藏书票

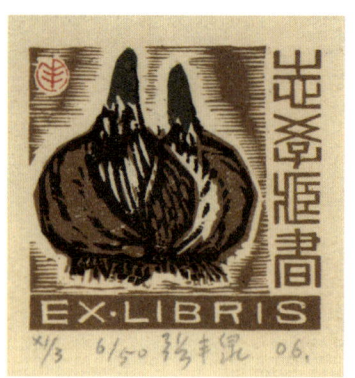

张丰泉藏书票

张丰泉 藏书票

张丰泉藏书票

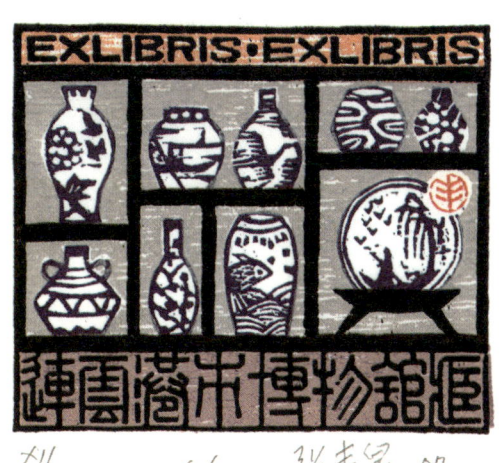

张丰泉藏书票

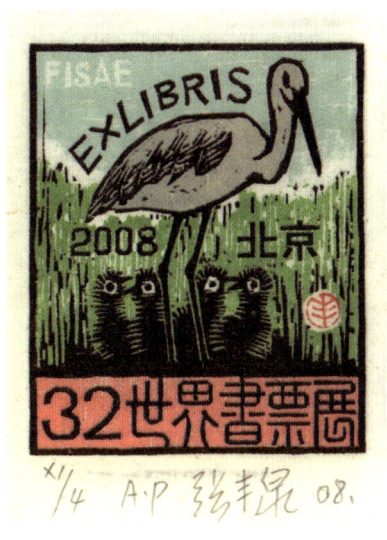

张丰泉藏书票

张丰泉 藏书票

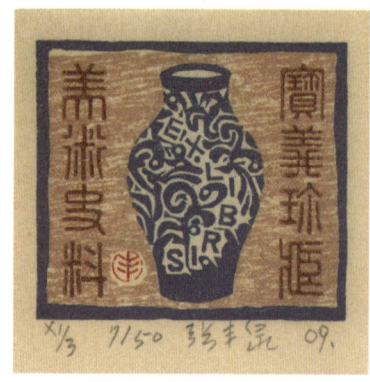

张丰泉藏书票

张丰泉藏书票

张丰泉藏书票

张丰泉藏书票

张丰泉藏书票

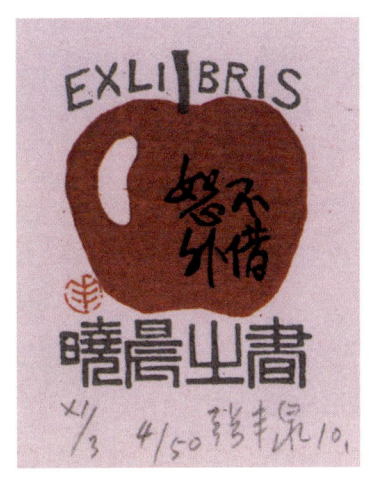

张丰泉藏书票

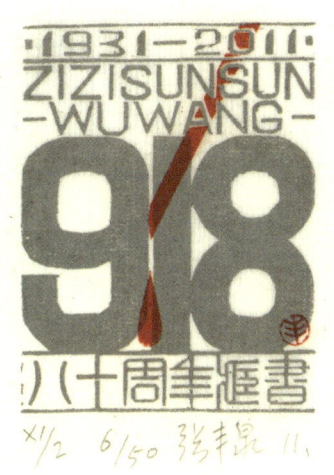

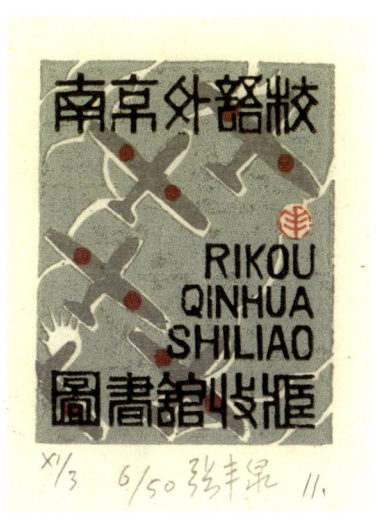

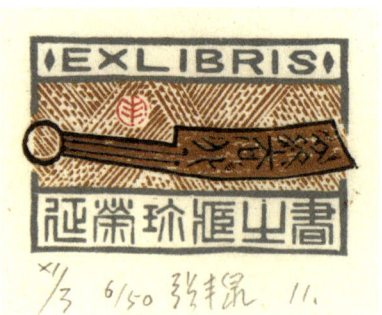

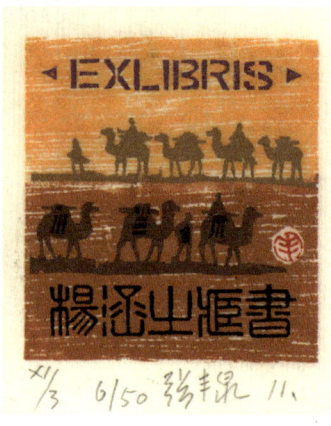

张丰泉藏书票

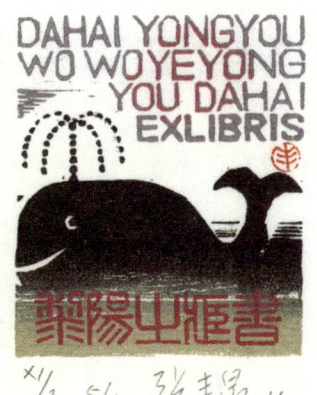

张丰泉藏书票

张丰泉藏书票

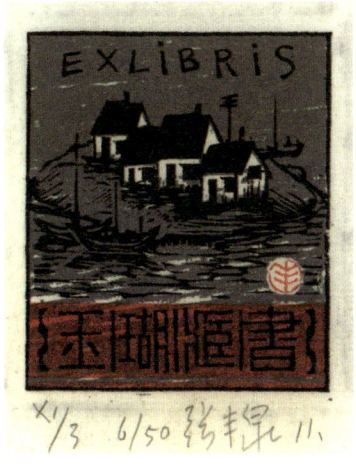

张丰泉藏书票

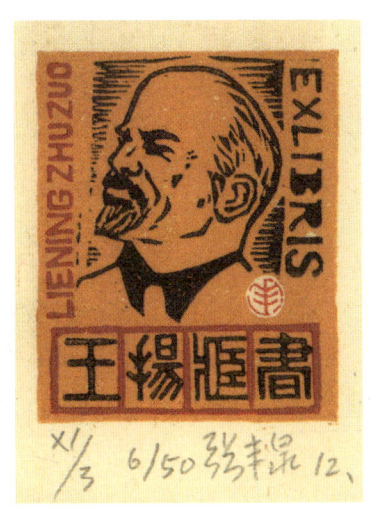

张丰泉藏书票

张丰泉藏书票

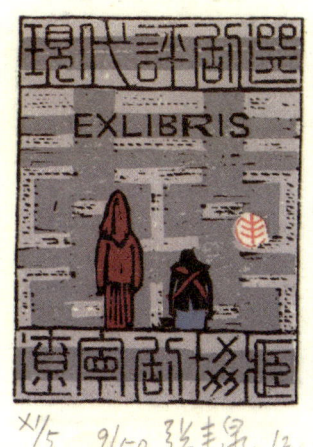

张丰泉藏书票

张丰泉藏书票

138

张丰泉藏书票

张丰泉藏书票

张丰泉藏书票

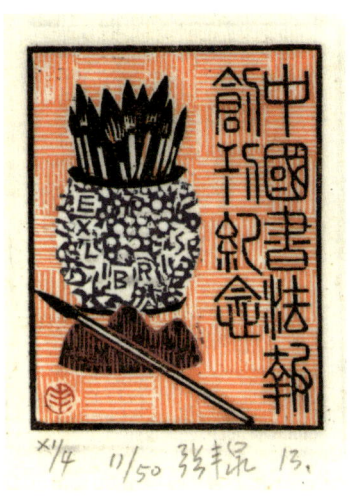

张丰泉藏书票

张丰泉藏书票

张丰泉藏书票

张丰泉藏书票

张丰泉藏书票

张丰泉藏书票

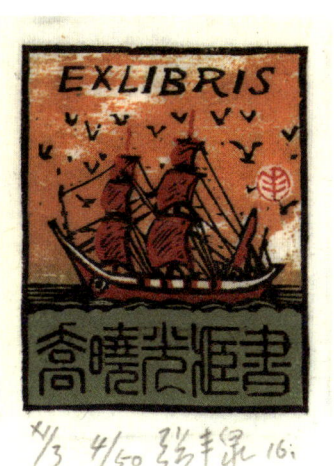

张丰泉藏书票

张丰泉藏书票

张丰泉藏书票

张丰泉藏书票

张丰泉藏书票

张丰泉藏书票

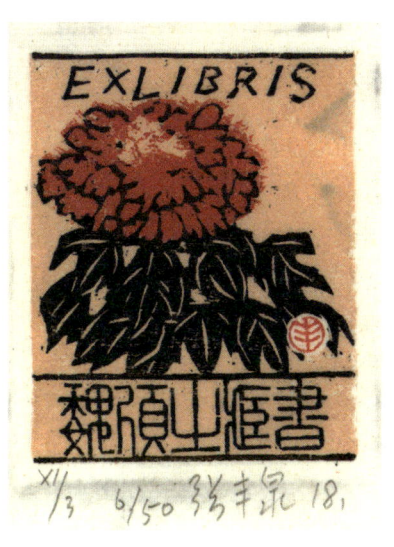

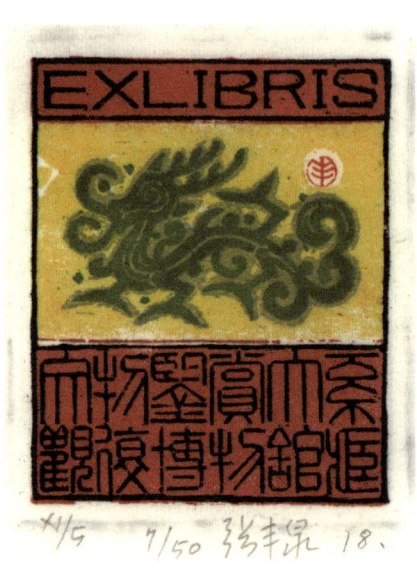

张丰泉藏书票

张丰泉藏书票

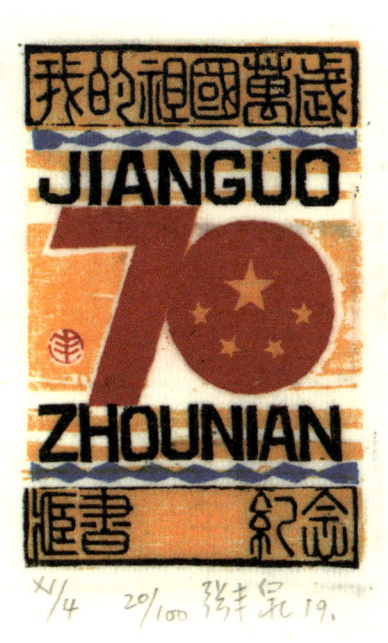

张丰泉藏书票

张丰泉藏书票

张丰泉藏书票

# 张丰泉藏书票作品索引

本索引按作品票主的原有标识编制,先列人名、斋号票主,后列机构票主和通用书票。票主名称后的数字表示页码。各类票主按照首字母顺序依次排列。

阿　红 88
巴　金 88、89
包　焱 21
宝　琮 43、120
宝　义 112
保　卫 64
北　宁 174
冰　心 4、11、93
秉　亮 20
布　仁 129
昌　亮 141
常　信 139
常信凤琴 128
陈　村 147
陈　巍 150
陈义初 130
陈　颖 37
陈　真 133
陈子善 136
澄　襄 45、83
澄　子 33、64

崇　斌 7
崇　嬿 13、16
传　海 162
春　梅 39、111
崔范喆 174
存　序 132
大　森 3
董　桥 111
端木蕻良 94
端　正 69、116
婳　矴 56
方　冰 98
凤　桂 166
福　来 138
富张广司 29
高　敏 40
高　玮 132
顾　玮 131
关世镇 106
桂　筠 40
国　恩 171

贺　良 175
赫　凤 72
胡晓晨 71、121、122
黄美云 138
霍　刚 160
吉　长 10
佳　鸣 104
家　瑞 35、58、73、
　　　 86、151、169
甲　午 149
姜　琳 19
姜十簇 18、33、84
姜　伟 114
介　挺 93
金荣福 44
金　艳 159
荆　鸿 18
丼　上 113
景　和 49
璟　瑛 10
静　达 55

| | | |
|---|---|---|
| 静 霞 30 | 柳咏絮 129 | 韶 雪 133 |
| 凯 温 41 | 卢静臣 103 | 石顺金 159 |
| 可 扬 91、102、117 | 路海生 158 | 世 海 94 |
| 克 萍 128 | 马蹄疾 4 | 述 贤 137 |
| 魁 智 95 | 马未都 167、170 | 四 木 28 |
| 堃 慈 161 | 毛练芳 141 | 孙 怡 143、175 |
| Lo Lan 27 | 茂 魁 98 | 孙远良 112 |
| 雷洁琼 100、103、148 | 梅庆子 98 | 陶 鸿 76 |
| 黎 阳 125、140、151、 | 孟广录 127 | 田连元 155 |
| 156、166、171 | 孟 阳 150 | 铁 映 138、140 |
| 黎 云 116 | 明 柔 162、163 | 廷 彬 4、13 |
| 礼 平 21 | 明 玉 109、115 | 炯 模 151 |
| 礼 忠 11、31 | 鸣 冈 24、54、57、 | W 氏 82 |
| 李 飚 144 | 65、96、156 | 王充闾 101 |
| 李 春 34 | 铭 南 112 | 王 冠 10 |
| 李冬花 153、162 | 南在祐 52 | 王 丽 158 |
| 李华敏 137 | 宁 静 19 | 王 宁 154 |
| 李 季 60 | 欧阳文安 70、77 | 王奇为 152 |
| 李 静 115 | 佩 芬 79 | 王 强 70 |
| 李文祥 114 | 普罗迪 143 | 王 嵘 68 |
| 李 燕 144 | 起 栋 78 | 王锡荣 126 |
| 丽 露 100、141、175 | 钱 复 137 | 王 扬 131 |
| 梁 栋 92 | 乔晓光 157 | 王 晔 9 |
| 林 声 26 | 庆 芳 27、53、59 | 维 芬 68、85、 |
| 琳 琳 147 | 庆 君 153 | 116 |
| 凌波子 8、14、16、23、 | 秋 颖 151 | 维 莉 142、164、 |
| 30、39、42、86、92 | 戎 戈 103、104 | 167、168 |
| 凌莱圆 60 | 如 甲 39 | 魏 顾 169、174 |
| 刘宝成 174 | SAN DU SHU WU 6 | 文 义 49、78 |
| 刘炳燮 34 | 善 慧 155 | 文 玉 3 |
| 刘 奕 124、132 | 尚长荣 144 | 乌 兰 165 |

吴安桥 142
吴玉成 152
武志红 139
玺 璋 9、12、17、23、29、35、36、47、48、50、51、54、55、56、59、66、67、95、109、118
先 才 45
咸 跃 131
显 功 50、63、99、176
显 光 25、54
小 颖 154
晓 非 150
解 明 89
新凤霞 92
兴 昶 5
兴 和 31
秀华吉元 121
秀 文 127
许 丹 34
许 可 85、122、165
许 氏 42
栩 彤 178
雪 垠 94
雅 丹 17、32
雅 妹 166
延 荣 14、25、31、37、42、44、48、50、53、60、67、72、81、108、124、135、160
严 新 51
岩 子 127
艳 萍 9
杨 赤 94
杨 涵 124
伊 明 162、164
伊藤祐造 82
艺 洁 139
奕 兴 103
毅 男 46
愔 嫕 122
幼 泉 83
于一心 172
余 楠 159
玉 瑚 129
玉 凯 177
玉 瑛 76、127
郁 田 38
毓 昆 90
元 瑛 81
占 喜 10
张 聪 167
张 瑾 68、87
张 乐 12、20
张 望 10
张 烨 148
张亦泓 124
长 儒 135
ZHANGWANG 6
赵朴初 63
赵 敏 46
赵 巍 132
照 坤 28
珍 广 116
郑 欣 150
志 娟 15
志 伟 66、86、139
志 学 5、96、100
忠 祥 15
周小平 144
朱 林 106
子 虎 147
紫 微 157
自 洽 26
祖 光 92
Robin C Tong 22
석순금 163

百壶居 22
半土居 71
春泥书屋 52、108、111、118、147
沐雨楼 100
勤耕庐主人 41
听风书屋 136
紫云阁主 107
北京天文台图书馆 62
观复博物馆 170
连云港市博物馆 105
辽宁剧协 135
辽宁省图书馆 159

南京外语校图书馆 123
上海鲁迅纪念馆 97、99
沈阳气象局 134
沈阳体委 110、118
沈阳图书馆 146
宋雨桂艺术博物馆 153
文汇读书周报资料室 145
中国京剧院图书馆 61
中国上海世博会 119
中国戏曲学院 61

澳门回归纪念 80
藏　书 125
和平之路 164
9·18八十周年 123
抗震救灾 108
刻制藏票十周年 62
庆祝香港回归祖国 75
庆祝中国共产党成立九十周年 126
全球民众众志成城战胜疫情 177

上海梅园杯藏书票展 157
32世界书票展 107
沈阳解放五十周年纪念 79
我的祖国万岁 173
西安解放五十周年 84
香港回归祖国纪念 74、75
夜深正是读书时 57
中国书法报创刊纪念 146